NOUVELLE MÉTHODE
SIMULTANÉE
DE LECTURE
ET D'ÉCRITURE

S. J.

LIVRET DE LECTURE

PARIS
LIBRAIRIE CH. DELAGRAVE
15, RUE SOUFFLOT, 15

1889

NOUVELLE MÉTHODE

SIMULTANÉE

DE LECTURE ET D'ÉCRITURE

S. J.

NOUVELLE MÉTHODE

SIMULTANÉE

DE LECTURE ET D'ÉCRITURE

S. J.

PREMIÈRE CLASSE

(Voyelles et consonnes simples.)

PREMIÈRE LEÇON

a *a* | **i** *i* | **e** *e*

p *p* pa pi pe

pa pa pa pe pi pe

pi pa a pi pi e

NOUVELLE MÉTHODE

SIMULTANÉE

DE LECTURE ET D'ÉCRITURE

S. J.

PREMIÈRE CLASSE

(Voyelles et consonnes simples.)

PREMIÈRE LEÇON

a a | *i* i | *e* e

p p *pa* *pi* *pe*

pa *pa* *pa* *pe* *pi* *pe*

pi *pa* *a* *pi* *pi* *e*

a *a* | i *i* | e *e* | é *é* | o *o*

p *p* pa pi pe pé po

é pi pi pe é pé e é pi é

pi pé po pe pé pi e è po pè e

TROISIÈME LEÇON

a *a* | i *i* | e *e* | é *é* | o *o*

p *p* pa pi pe pé po

r *r* ra ri re ré ro

a re ra pe o pé ra pé ri ra

ri re pa ri ré pa re ra pe ra

ra re po re o pé ré ré pa ré

a a | *i* i | *e* e | *é* é | *o* o

p **p** *pa* *pi* *pe* *pé* *po*

pi pé po pe pé pi e é pé e

é pi pi pe é po pé e é pi é

TROISIÈME LEÇON

a a | *i* i | *e* e | *é* é | *o* o

p **p** *pa* *pi* *pe* *pé* *po*

r **r** *ra* *ri* *re* *ré* *ro*

ri re pa ri ré pa re ra pe ra

a re ra pe o pé ra pé ri ra

a *a*	i *i*	e *e*	é *é*	o *o*	è *è*	u *u*

p *p*	pa	pi	pe	pé	po	pè	pu
r *r*	ra	ri	re	ré	ro	rè	ru

è re	ra pé	pa ru re
pu re	ré pa re	ra pu re
ru e	o pè re	re pa ru
po re	pi re	é pu ré

CINQUIÈME LEÇON

a *a*	e *e*	i *i*	o *o*	u *u*	è *è*	é *é*

p *p*	pa	pe	pi	po	pu	pé	pè
r *r*	ra	re	ri	ro	ru	ré	rè
m *m*	ma	me	mi	mo	mu	mé	mè

a mi mè re a mi e a mè re

é mu	ma ri	o pi me
ra me	mu ré	re mu é
mo mi e	pé ri ra	ra me ra

a a | *i* i | *e* e | *é* é | *o* o | *è* è | *u* u

p **p** *pa pi pe pé po pè pu*

r **r** *ra ri re ré ro rè ru*

pa ru re è re ra pé re pa ru

po re ra pé pi re pa re ra é pu ré pè re

pu re ra pu re o pè re ru e

CINQUIÈME LEÇON

a a | *e* e | *i* i | *o* o | *u* u | *é* é | *è* è

p **p** *pa pe pi po pu pé pè*

r **r** *ra re ri ro ru ré rè*

m **m** *ma me mi mo mu mé mè*

o pi me ma ri e é mu mu ré

mè re a mè re a mi e mo mi e ra me ra

re mu é ra me a mi mo mi e

a *a*	e *e*	é *é*	è *è*	i *i*	o *o*	u *u*

p	*p*	pa	pe	pé	pè	pi	po	pu
r	*r*	ra	re	ré	rè	ri	ro	ru
m	*m*	ma	me	mé	mè	mi	mo	mu
d	*d*	da	de	dé	dè	di	do	du
l	*l*	la	le	lé	lè	li	lo	lu

de mi	mo de	i do le	dé mo li
la me	ri de	mo dè le	ra pi de
di re	du pe	a do re	mo ra le
li é	do ré	dé li re	do ru re
li me	ru de	mé di re	ma dè re

la mu le du pa pe — la pi pe de pa pa — la ra me do ré e — la da me pa ré e — la pa ro le du re — la li me ru de — la pi lu le a mè re — la ma la de dé li re — la la me po li e — la ru e dé mo li e — la mo ra le pu re — la mè re a do ré e

a a | *e* e | *i* i | *o* o | *u* u

p p *pa* *pe* *pi* *po* *pu*

r r *ra* *re* *ri* *ro* *ru*

m m *ma* *me* *mi* *mo* *mu*

d d *da* *de* *di* *do* *du*

l l *la* *le* *li* *lo* *lu*

i do le *mo de* *di re* *mo ra le*

do ru re do ré ra pi de mo dè le la me

li me *ra de* *mé di re* *de mi*

la pi pe de pa pa — *la ra me do ré e*

la li me ru de — la pa ro le du re

la la me po li e — *la ru e dé mo li e*

la morale pure — la mè re a do ré e

a *a* | **e** *e* | **é** *é* | **è** *è* | **i** *i* | **o** *o* | **u** *u*

b *b* ba be bé bè bi bo bu

f *f* fa fe fé fè fi fo fu

fu me	bo a	o bé i	a bo li
fa de	lo be	o bo le	pa ra de
fi le	dé fi	fi dè le	dé ro be
bu re	fo ré	fi le ra	re mu e
ro be	fe ra	mo bi le	fé ru le
bi le	fu ma	fo li e	fu ri e
fé lé	pi lé	a ra be	bi pè de
pè le	ra de	ma la de	pa ro le

le bo a re mu e — la mu le a bu — la pi pe fu me — la ro be de bu re — la mo de a bo li e — la fé e li bé ra le — la pi lu le fa de — la pa ra de dé fi le — la pa ro le fi dè le — ma mè re a fi lé — mo dè re la fo lie — o bo le dé ro bé e

a a | *e* e | *é* é | *è* è | *i* i | *o* o | *u* u

b **b** *ba be bé bè bi bo bu*

f **f** *fa fe fé fè fi fo fu*

bo a a bo li lo be fi le dé fi

dé ro be re mu e fe ra bu re fi le ra

pa ra de fi dè le ro be fé ru le

fu ma fu ri e pi lé bi pè de ra de pa ro le

mo bi le o bé i fa de o bo le

le bo a re mu e — la pi lu le fa de

la pi pe fu me — *la pa ro le fi dè le*

la ro be de bu re — ma mè re a fi lé

la fé e li bé ra le — *o bo le dé ro bé e*

a *a*	e *e*	é *é*	è *è*	i *i*	o *o*	u *u*

n *n*	na	ne	né	nè	ni	no	nu
t *t*	ta	te	té	tè	ti	to	tu
d *d*	da	de	dé	dè	di	do	du
l *l*	la	le	lé	lè	li	lo	lu
b *b*	ba	be	bé	bè	bi	bo	bu
f *f*	fa	fe	fé	fè	fi	fo	fu

fi ni	ta ri	pi lo te	la mi né
lu ne	mè ne	pa tè ne	ré u ni
ta pe	di te	fa mi ne	dé ri de
é té	pu ni	fa ri ne	la ti ne
no te	te nu	pa ta te	ba di ne

de la fi ne fa ri ne — le ti mi de pi lo te — u ne fi dé li té ra re — mo dè re ta té mé ri té — u ne a mi e fi dè le — le pè re de la na tu re — la pa ra bo le mé di té e — u ne mi ne dé ri dé e — la fa mi ne fi ni ra

a a | *e* e | *é* é | *è* è | *i* i | *o* o | *u* u

n **n** *na ne né nè ni no nu*

t **t** *ta te té tè ti to tu*

d **d** *da de dé dè di do du*

l **l** *la le lé lè li lo lu*

b **b** *ba be bé bè bi bo bu*

f **f** *fa fe fé fè fi fo fu*

fi ni pi lo te pa tè ne ré u ni

ta pe fa mi ne dé ri de no te te nu ba di ne

é té fa ri ne ta ri lu ne pu ni

la fine farine — u ne fi dé li té ra re

le pè re de la na tu re — *un ami fidèle*

le fi er pi lo te — une mi ne dé ri dée

a *a*	e *e*	é *é*	è *è*	i *i*	o *o*	u *u*

j	*j*	ja	je	jé	jè	ji	jo	ju
s	*s*	sa	se	sé	sè	si	so	su
p	*p*	pa	pe	pé	pè	pi	po	pu
r	*r*	ra	re	ré	rè	ri	ro	ru
m	*m*	ma	me	mé	mè	mi	mo	mu

jo li	ju pe	ju ju be	so no re
sa lé	se ra	so li de	sé pa re
je té	sa li	sa le té	tu li pe
se mé	je ta	jo li e	sa ti né
ju re	ja pe	ta pe ra	re je té
so fa	si te	na tu re	sa li ra

la pa ro le ju ré e — je te sa lu e — sa le la sa la de — le so fa se sa li ra — u ne jo li e ma ti né e — i mi te la sé ré ni té de ta mè re — je te ti re de la so li tu de — la pe ti te Ju li e a dé jà sa li sa ju pe

a a | *e* e | *é* é | *è* è | *i* i | *o* o | *u* u

j **j** *ja je jé jè jï jo ju*

s **s** *sa se sé sè si so su*

p **p** *pa pe pé pè pï po pu*

r **r** *ra re ré rè ri ro ru*

m **m** *ma me mé mè mi mo mu*

ju pe so no re se ra se mé re je té

je té sa li so li de ja pe jo li e ta pe ra

na tu re jo li ju ju be sa lé tu li pe

le so fa se sa li ra — *la pa ro le ju ré e*

la jo li e tu li pe — la pe ti te Ju li e a

dé jà sa li sa ro be — *sa le la sa la de*

a *a*	e *e*	é *é*	è *è*	i *i*	o *o*	u *u*

v	*v*	va	ve	vé	vè	vi	vo	vu
z	*z*	za	ze	zé	zè	zi	zo	zu
j	*j*	ja	je	jé	jè	ji	jo	ju
s	*s*	sa	se	sé	sè	si	so	su
b f	*b f*	ba	fe	bé	fè	bi	fo	bu

fè ve	zé bu	sa li ve	vi ro le
zé ro	sè ve	va ni té	zé lé e
la ve	ri ve	vo lu me	va ri é té
zè le	vi de	a va re	zi za ni e
vi ve	ra ve	to pa ze	mé lè ze

la lu ne se lè ve — vé nè re ta mè re — la ra me du na vi re — la va ni té se ra pu ni e — la zi za ni e a é té se mé e — la du re té de la to pa ze — la vu e de la ri ve te ra vi ra — le zè le de la vé ri té — é vi te le pa vé sa le de la ru e

a a | e e | é é | è è | i i | o o | u u

v v va ve vé vè vi vo vu

z z za ze zé zè zi zo zu

j j ja je jé jè ji jo ju

s s sa se sé sè si so su

b f b f ba fe bé fè bi fo bu

topaze zèle avare lave fève

zé ro sè ve va ni té zi za ni e vo lu me sa li ve

virole rave mélèze vide rive

la ra me du na vi re — la lune se lève

vénère ta mère — la va ni té se ra pu ni e

le zè le de la vé ri té — un joli volume

a *a*	e *e*	é *é*	è *è*	i *i*	o *o*	u *u*		
c	*c*	ca					co	cu
g	*g*	ga					go	gu
n	*n*	na	ne	né	nè	ni	no	nu
t	*t*	ta	te	té	tè	ti	to	tu
d l	*d l*	da	le	dé	lè	di	lo	du

ca ve	ga lè re	ri di cu le	ga re
é co le	co lo ri é	cu re	ga lo pe
ga le ri e	go be	co lo ré	ca ra co le
cu ve	é ga ré	ca ma ra de	ga ze
re cu le	dé fi gu ré	na vi re	ca lo ri fè re

la cu ve vi de — go be la pi lu le — la ca le du na vi re — u ne fi gu re co lo ri é e — la ca po te de ga ze — la ca va le ga lo pe — u ne é co le mo dè le — le ca lo ri fè re de la ca ve — u ne a ma zo ne ca ra co le — u ne ca ri-ca tu re ri di cu le.

a *a* | e *e* | é *é* | è *è* | i *i* | o *o* | u *u*

c c *ca* *co* *cu*

g g *ga* *go* *gu*

n n *na* *ne* *né* *nè* *ni* *no* *nu*

t t *ta* *te* *té* *tè* *ti* *to* *tu*

d *l* d l *da* *le* *dé* *lè* *di* *lo* *du*

ga lè re *co lo ri é* *é co le* *ca ve*

ga ze é ga ré dé fi gu ré ca ma ra de re cu le

na vi re *cu re* *ga lo pe* *ga le ri e*

la cu ve vi de — une fi gu re co lo ri é e

la ca le du na vi re — *la pe ti te ca ve*

go be la pi lu le — la ca po te de ga ze

RÉCAPITULATION ET LETTRES MAJUSCULES

a e é è i o u

A E É È I O U

a e é è i o u

A dè le, É mi le, I da, O zé e,
A mé dé e, I du mé e, U ri e,
É mi li e, I ta li e, O na te.

b c d f Ba de, Ca na da, Ca ro li ne,
B C D F Da nu be, Dé da le,
g j l m Ga za, Ju li e, Ju dé e,
G J L M Lé o ni e, Ma ri e, Ma la ga,
n p r s Na ni ne, Pi la te, Pa vi e,
N P R S Ro me, Re né, Sa ra,
t v z Ti vo li, Vé ro ne,
T V Z Zo é, Tu ni si e.

VÉ NÈ RE TA MÈ RE — I MI TE SA PI É TÉ —
LA CO LÈ RE É GA RE.

RÉCAPITULATION ET LETTRES MAJUSCULES

a e i o u

A E I O U (*)

a e i o u

B *b* C *c* D *d* F *f* *Da nu be*

G *g* J *j* L *l* M *m* *Léo ni e*

N *n* P *p* R *r* S *s* *Rome René*

T *t* V *v* Z *z* *Zoé Tunisie*

VÉ NÈ RE TA MÈ RE — I MI TE SA PI É TÉ — LA CO LÈ RE É GA RE.

(*) Voir pour les autres majuscules le cahier A.

DEUXIÈME CLASSE

(Consonnes et voyelles composées, Diphtongues, etc.)

PREMIÈRE LEÇON

a *a*	e *e*	é *é*	è *è*	i *i*	o *o*	u *u*

ch *ch* cha che ché chè chi cho chu

gn *gn* gna gne gné gnè gni gno gnu

co che	ru che	di gne	cha ri té
rè gne	chè re	ga gné	cha cu ne
si gne	ro che	ni che	i gno re
ri che	lé ché	li gne	chi mè re
pé ché	co gne	va che	ma chi ne
ba gne	sè che	mè che	re chi gné
ca ché	chi che	ro gné	che ve lu

i gno re le pé ché — si gne ta co pie — a chè ve la li gne — la bi che se ca che — le co che che mi ne — le ca ni che lè che — je ga gne ma vie — u ne mè re ché rie — u ne ro be ta chée — la cha ri té du di gne cu ré.

DEUXIÈME CLASSE

(Consonnes et voyelles composées, Diphtongues, etc.)

PREMIÈRE LEÇON

a a | *e* e | *é* é | *è* è | *i* i | *o* o | *u* u

ch **ch** *cha che chi cho chu*

gn **gn** *gna gne gni gno gnu*

co che di gne rè gne cha ri té

si gne ro che ni che rè gne ri che che ve lu

ga gné ru che li gne ma chi ne

ignore le péché — la bi che se ca che

le co che che mi ne — *achève la ligne*

signe ta copie — je ga gne ma vie

u ne mè re ché rie — *une robe tachée*

a *a*	e *e*	é *é*	è *è*	i *i*	o *o*	u *u*

gn *gn* gna gne gné gnè gni gno gnu

ch *ch* cha che ché chè chi cho chu

ill *ill* illa ille illé illè illi illo illu

ma ille	pa ille	se ma ille	cha ma ille
fa illi	ba ta ille	ri co che	mé da ille
ta illa	sa illi e	ra ille ra	ré pu gne
ba illi	fa illi te	cu ille ré e	ga gné
ca ille	ca na ille	é ra illé	dé chi ré

une ba ta ille ga gné e — u ne ma ille dé chi ré e — u ne fi ne sa illi e — u ne fa illi te ré pa ré e — le ba illi a si gné — No é a ta illé la vi gne — la va che a dé vo ré la pa ille — la ca na ille se cha ma ille — ta ra ille rie a fâ ché ma mè re — l'a mi, l'é pi, l'i do le, l'o de, l'u ti le — j'a do re, j'é tu die, j'i gno re.

a a	e e	é é	è è	i i	o o	u u

ch **ch** cha che chi cho chu

gn **gn** gna gne gni gno gnu

ill **ill** illa ille illi illo illu

ba ta ille fa illi pa ille sa illi e

fa illi te se ma ille é rai llé ra ille ri e

cu ille rée ra ille ra ré pu gne

mé da ille ca ille ca na ille cha ma ille

ta illa ri co che ma ille ba illi

No é a ta illé la vi gne — l'idole l'épi

ba ta ille ga gné e — u ne fi ne sa illi e

u ne fa illi te ré pa ré e — l'ami l'utile

le ba illi a signé — ma ille dé chi ré e

eu *eu* ou *ou*

peu	feu	cheu	vou	nou	chou
seu	jeu	gneu	fou	lou	illou
peu	meu	illeu	tou	dou	jou

jeu di	seu le	fou illé	mi neu re
jou jou	mou che	a veu	ga zou ille
meu le	che veu	ma jeu re	dé pou illé
pou le	feu ille	sou illu re	mou ille
lou ve	boui lli	cha tou illé	ca illou
bou le	ma chi ne	rou ille	fa rou che

la mou che du co che — la feu ille du chou — le jeu de bou le — u ne jeu ne pou le — la sou pe a bou illi — la fou le se mou ille — le feu a ja illi du ca illou — la rou e de la ma chi ne se rou ille — le fou re dou te peu le feu — u ne lou ve fa rou che — u ne seu le ta che l'a sou illé — le jou jou d'A dè le — l'a veu d'u ne a mi e.

eu **eu** *ou* **ou**

feu *cheu* *vou* *chou*

jeu *gneu* *fou* *illou*

meu *illeu* *tou* *jou*

mou che *mi neu re* *sou illu re*

meu le feu ille cha tou illé lou ve fou illé

bou illi *jou jou* *jeu di* *pou le*

ga zou ille seu le a veu ca illou ma chi ne

dé pou ille *ma jeu re* *che veu*

le jeu de bou le — la mou che du co che

la feu ille du chou — *la jeu ne pou le*

la rou e se rou ille — la fou le se mou ille.

an *an*	in *in*	on *on*	un *un*
na	ni	no	nu

pan	chin	min	jon	zon	lun
gan	tin	gnin	illon	chon	vun
chan	fin	bin	bon	mon	cun

ma man	pan tin	mi gnon	in fi ni
bou illon	on cle	din don	dé fun te
lun di	chan son	An to nin	dé nu dé

on a ton du mon mou ton — fan chon chan te u ne chan son — ta tan te m'in vi te à sa fê te — on dan se ra u ne ron de

le pin son chan te de bon ma tin — le feu de sa pin dure peu — ma man de man de son pe lo ton.

ia **ié** **io** **ieu** **ian** **ien** *(iin)*

ia ie io ieu ian ien

ion **oi** *(oa)* **oin** **oui** **ue** **ui**

ion oi oin oui ue ui

dieu	chien	pia no	fio le
pion	mien	pié ton	tiè de
moi	pi tié	té moin	poin te

la soi ré e s'é cou le — le foin se cou pe à la fin de juin — ie m'é loi gne du coin du feu — ma mè re a bien soin de son pi a no — mon se rin a fu i de la vo liè re

a do re Dieu — u ne ta ba tiè re d'i voi re m'a é té vo lé e à la foi re — le chien a sui vi la voi tu re — u ne voi le de toi le noi re.

bl *bl* blé blan che sa ble blon de

cl *cl* clou clo che bou clé dé clin

fl *fl* flan flo re fleu ve gon flé

gl *gl* glu glou ton gloi re glan de

pl *pl* pli plu me peu ple plan te

br *br* brin bran che bri be bron ze

cr *cr* cri cri ble croi re lu cre

dr *dr* dru ca dran ca dre man drin

fr *fr* frère fron de fri re fran che

gr *gr* gré gran de gra ve gri ve

pr *pr* prou pri me pro be pra li ne

tr *tr* trou prêtre trin gle cloî tre

vr *vr* lè vre cou vre vi vre che vron

mn *mn* **pn** *pn* Mné mon pneu mo nie

ps *ps* **pt** *pt* pso ra le Pto lé mé e

sb *sb* **sp** *sp* sbi re spi ra le spa tu le

sc *sc* **scr** *scr* Sca pin scri be scru té

st *st* **str** *str* sta ble stri é sto re

cs *cs* **x** *x* a xe ri xe lu xe bo xe

gz *gz* **x** *x* e xi lé e xo de exi gé (*)

l'a mi tié de Dieu se ra seu le sta ble — l'e xi lé a vé cu loin de sa pa trie

on a é le vé u ne sta tu e à Pto lé mé e — é vi te le scan da le — Dieu a fi xé l'a xe du mon de

(*) Syllaber *eq si lé, eq so de*, etc.

b	*b*	ab	eb	ib	ob	ub	eub	oub
		ba	be	bi	bo	bu	beu	bou
c	*c*	ac	ec	ic	oc	uc	euc	ouc
		ca			co	cu		cou
d	*d*	ad	ed	id	od	ud	eud	oud
		da	de	di	do	du	deu	dou
f	*f*	af	ef	if	of	uf	euf	ouf
		fa	fe	fi	fo	fu	feu	fou
g	*g*	ag	eg	ig	og	ug	eug	oug
		ga			go	gu		gou
l	*l*	al	el	il	ol	ul	eul	oul
		la	le	li	lo	lu	leu	lou
p	*p*	ap	ep	ip	op	up	eup	oup
		pa	pe	pi	po	pu	peu	pou
r	*r*	ar	er	ir	or	ur	eur	our
		ra	re	ri	ro	ru	reu	rou
s	*s*	as	es	is	os	us	eus	ous
		sa	se	si	so	su	seu	sou
t	*t*	at	et	it	ot	ut	eut	out
		ta	te	ti	to	tu	teu	tou

ill il	*ill il*	ail	eil	ill	oil	euil	ouil	
		illa	ille	illi	illo	illeu	illou	
m x	*m x*	am	em	im	om	ax	ex	ix
		ma	me	mi	mo	xa	xe	xi
		ans	ins	ons	oif	oir	uir	
		san	sin	son	foi	roi	rui	

b *b* Job Mo ab Ca leb Ab sa lon

c *c* lac bec tic soc duc bouc

d *d* Gad sud Da vid O bed

f *f* chef vif veuf tuf soif neuf

g *g* drag me fleg me dog me

l *l* val bel seul mil vol nul

p *p* cap ju lep dip tè re ap te

r *r* mer char tir peur cor four

s t *s t* as os es poir at las ut

il *il* ail so leil tra vail deuil

m x *m x* Si am Sem Si lex A jax

pros pec tus cap tif or teil dic ta teur fier té
re lief mix te cons truc teur che vreuil res te
par loir ver meil cal me por tail ins pec teur

a e o eu = i u ou

a e o eu i u ou

â ê ô eû = î û oû

â ê ô eû î û oû

pa tin pé ché no te jeu di
pâ te pê che cô te jeû ne

bb ff cc **bb ff cc** a bbé gri ffe a ccou dé

ll mm nn **ll mm nn** co llé bo nne

pp rr tt **pp rr tt** na ppe ca rré bo tte

la be lle pâ te — la co tte de la fo lle se dé chi re sur le cô té

a ppro che ma rron i rri té gro tte a tti ré bo tte a cca blé câ ble je do nne le prê tre un mè tre le prô ne la tte l'â tre a tti re

Le dô me do mi ne la voû te — La mû re mû ri ra con tre la mu ra ille — La jeu ne Ma rie jeû ne

EXERCICES SUR LES LEÇONS PRÉCÉDENTES

Sou ffrir go mme i do lâ tre a pô tre blê me cloî tre ins truc teur ver tu ex ter mi né fi el psal mo di e stric te des truc teur ob te nir le dô me so mme bou ffo nne le pâ tre la pa tri e l'â ne Su za nne la po mme le fan tô me cou-rroi e co nné ta ble a ttrac tif l'ar tis te

le na vi re va par cou rir la mer du sud — u ne o deur mê me bon ne in co mmo de vi te un ma la de — j'ô te ma bo tte — le son du cor a dé jà do nné le si gnal du ré veil — l'es poir de l'immor ta li té a ni me le jus te — le seuil du mo nas tè re

RÉCAPITULATION

VOYELLES SIMPLES :

a e é è ê i o u
a e é è ê i o u
a e é è ê i o u

VOYELLES COMPOSÉES :

eu ou an in on un
eu ou an in on un
eu ou an in on un

CONSONNES SIMPLES :

b c d f g j l m n p r s t v z
b c d f g j l m n p r s t v z
b c d f g j l m n p r s t v z

CONSONNES COMPOSÉES :

ch gn ill x = *ch gn ill x*

EXERCICES

Res pec te la ver tu du jus te — Le lac dé bor dé inon de la fer me du cul ti va teur — La mul-ti tu de va cou rir à sa per te — L'ar tis te es pè re ob te nir une mé da ille d'or — Je pré fè re le fenouil à l'ail — Le noir se por te pour si gne de deuil — J'ad mi re le cal me du soir — L'a mi ral a pu voir fuir le pi ra te

TROISIÈME CLASSE

(Équivalents des consonnes et des voyelles.)

PREMIÈRE LEÇON

c = qu k ch

c c	devant	*a o u*	ca non,	co con,	cu ré.
	devant	*an on un*	can ton,	cou lé,	cha cun.
qu qu	devant	*e i*	pi que,	qui tté,	quê te.
	devant	*eu in*	co que,	quin ze,	li queur.
k k			mo ka,	kios que,	kilo.
ch ch			Zu rich,	Cha na an,	or ches tre.

on es ti me l'é to ffe de co ton que l'on fa bri que à Nan kin

L'é pin gle pi que. — Le ca nif cou pe. — Re mar que le co quin qui a es cro qué l'écu du cul ti vateur. — Quel tris te spec ta cle qu'un frè re qui a tta que son frè re. — Un ton mo queur pro vo que la que re lle.

L'A mé ri que a dû à Fran klin la con quê te de sa li ber té.

G = gu

G *g* devant *a o u* gar de, gom me, con ti gu.

gu *gu* devant *e é i* dro gue, gui de, san guin.

ill = il

ill *ill* ba ta ille, feu ille, mou ille.

ll *ll* qu ille, fa mi lle, bri llan te.

F = ph

F *f* fou gue, fa ble, fi gue, fan fa ron.

ph *ph* pro phè te, Phi li ppe, phos pho re.

Le dra gon gar de la gué ri te de la gri lle. — Goû te la fi gue du Lan gue doc. — Di mi nu e la lon gueur de la guir lan de. — Le re mè de gué ri ra la jeu ne fi lle. — L'or ga nis te a par cou ru la gam me de l'or gue. — Le dro guis te a a che té de la gom me a ra bi que. — Le pho que re doute la gueu le du re quin. *Le pi queur a dé gar ni le mé tal de sa gan gue. — Le Christ a gué ri l'a veu gle de Jé ri cho. — Le pro phè te a lla a ver tir Pha ra on de la ca tas tro phe.*

J = g ge

j *J* jar gon, jou jou, ju ju be.

g *g* devant *e é è i* ge nou, gi vre, gé ni e

ge *ge* devant *a o u* pi geon, geô le, ga geu re.

Z = s

z *Z* ga ze, zè le, on ze.

s *s* (*) ru se, poi son, bi se.

l'ar ti san fa ti gué se re po se sur la por te de sa ma su re — l'âme ver tu eu se res te soumise à la loi de l'E gli se

j'é vi te un lan ga ge guin dé — le gé né ral a ga gné la ga geu re — Gré goi re a gar ni la man geoi re de la ca ge de son pi geon.

(*) Entre deux voyelles.

S = ss c ç t

S	*s*		sa bre, sor tir, sé vè re.
ss (*)	*ss*		ta sse, ca ssa, boi sson.
c	*c*	devant *e i*	cè dre, ci té, ci ca tri ce.
ç	*ç*	devant *a o u*	ma çon, pla ça, re çu.
t	*t*	devant *ia iel ion*	mar tial, par tiel, ac tion.

Ce se ra sa me di qu'on cé lé bre ra la me sse nup tia le de la fi an cé e. — Le ma çon a e ffa cé l'ins crip tion sur la fa ça de de l'é di fi c e. — Ce tte ci ca tri ce d'u ne ble ssu re re çu e en fa ce de l'e nne mi a jou te à la di gni té de la fi gu re mar tia le de ce gé né ral. — La fa çon d'a gir de ce tte per so nne dé cè le l'é du ca tion qu'e lle a re çue. — Un roi ma ni fes te sa pui ssan ce par sa sa ge sse, sa jus ti ce et sa mo dé ra tion.

Le ca ci que cap tif sol da sa ran çon. — La ca pu ci ne cou vre la sur fa ce de la fa ça de. — U ne bo nne ac tion e ffa ça le sou ve nir de son é tour de ri e.

(*) Entre deux voyelles.

É = er ez œ

É *é* dé, bon té, vé ri té, cé ci té.

er *er* co cher, o ran ger, poi rier, man ger.

ez *ez* nez, chez, a ssez, li sez, ce ssez.

œ *œ* œ cu mé ni que, œ dè me, Œ di pe.

a llez a che ter du sou fre à la phar ma ci e voi si ne — que le pre mier re dou te de de ve nir le der nier — mon trez un peu la tê te — é cri vez le de voir

Le ber ger a dé ro bé u ne poi re sur le poi rier du ver ger. — Le cui si nier va cher cher du gi bier sur le mar ché. — Ve nez a vec moi chez le pâ ti ssier voi sin pour a che ter vo tre goû ter. — Ce ssez de jou er. — Pre nez vo tre plu me.

È = es et est ai ei

È	*è*	è re, p è re, fiè vre, fi dè le.
es	*es*	les, des, ces, mes, tes, ses.
et, est	*et est*	pou let, bou quet, pro jet, est.
ai	*ai*	dé lai, e ssai, lai ne, ai gle, air.
ei	*ei*	rei ne, sei ne, vei ne, so mmeil.
e (*)	*e*	de tte, na ce lle, bref, a mer, bec.

Je cher che rai ce tte fleur et je la join drai à la mie nne pour en fai re un bou quet. — Cet ai gle est ble ssé. — Son ai le sai gne et il a pei ne à vo ler. — Le mal fai teur traî ne a vec lui u ne chaî ne pe san te. — U ne nei ge é pai sse cou vre la plai ne. — La ba lei ne est re gar dé e com me la rei ne de la mer. — J'ai é ga ré mon bil bo quet.

L'É gli se co mman de d'u ne ma niè re ex pre sse d'a ller à la me sse le di man che. — Que lle fa ta le nou ve lle a trou blé vo tre pai si ble so mmeil.

(*) Devant les doubles consonnes et les syllabes consonantes.

O = au eau

O *o* o bo le, Po lo gne, so le, pô le.

au *au* au da ce, au teur, sau le, pau me.

eau *eau* ba teau, ca deau, eau, peau.

Eu = œu

Eu *eu* neu ve, a veu, veuf, neuf, peur.

œu *œu* œu vre, vœu, œuf, bœuf, sœur.

il jou e à la pau me près du don jon — le bou cher au ra la peau du bœuf — Guil lau me a cro qué la po mme

A l'œu vre, ju gez l'ou vri er. — É cou tez, ô mon Dieu, le vœu du pri so nnier. — J'ai vu ce ma nœu vre gro ssier mal trai ter ce pau vre bœuf. — Le Sei gneur é cou te la pri è re et les vœux des pau vres qui sou ffrent.

i = y

I *i* ti ré, si gne, li re, es ti me.

y *y* ty ran, cy gne, ly re, a no ny me.

i i = y

y *y* no y er, mo y en, no y au, pa y er.

ii *ii* noi ier (*), moi ien, noi iau, pai ier.

e ssu y er, ro y au té, pa y sa nne.
e ssui ier (*), roi iau té, pai isa nne.

La cru au té du ty ran a livré au mar ty re la sœur de Paul. — Le cy gne ai me l'eau clai re du ba ssin du châ teau. — *Vo y ez* (**) la sy mé trie du gym na se. — La *lo y au té* est le mei lleur mo y en de fai re for tu ne. — La phy si que ex pli que le mys tè re de la for ma tion de la fou dre. — *E ssu y ez* le co lly re que le mé de cin a ap pli qué sur vo tre pau piè re.

La ly re du bar de cé lè bre la fê te de sa ro y ale maî tre sse. — OE di pe a e ssa y é de de vi ner l' é nig me du sphinx.

(*) Cette seconde ligne montre comment il faut syllaber.
(**) Syllaber *voi iez, loi iau té, e ssui ier*, etc.

An = am en em; On = om; Un = um

An	*am*	lam pe,	cham bre	tam bour.
	en	ven te,	sen sé,	ren du.
	em	trem ble,	tem ple,	em ploi.
On	*om*	om bre,	pom pe,	pro nom.
Un	*um*	un,	par fum,	dé fun te.

le clai ron so nne la char ge — on dis tri bu e en son nom à cha que com pa gni e u ne ré com pen se é cla tan te — la pru den ce con ser ve l'ai san ce — é vi tez le dé sor dre !

La lam pe trem blan te di ssi pe à pei ne l'om bre du tem ple. — Si len ce : l'au dien ce com men ce. — Cet te ro se em bau me la cham bre. — Ren dez vi te té moi gna ge à l'in no cen ce de vo tre com pa gnon.

In = im ym ain aim ein yn en

IN	*in*	lin, In de, Pin de, de ssin.
im	*im*	lim be, im bu, sim ple, im po li.
ym	*ym*	thym, nym phe, tym pan, sym bo le.
ain	*ain*	main, pro chain, ai rain, pa rrain.
aim	*aim*	daim, e ssaim, faim.
ein	*ein*	frein, de ssein, pein tre, cein tu re.
yn	*yn*	lynx, syn dic, syn ta xe, syn thè se.
en	*en*	men tor, mo y en, ven dé en, chrétien.

La rei ne est im pa tien te d'en ten dre la sym-pho ni e de ce mu si cien qui a un nom eu ro pé en. — Un plai deur im po li a in te-rrom pu le si len ce de l'au dien ce.

Le cœur de l'im pi e est plein d'in jus ti ce et d'im pu den ce. — Mon cou sin a l'in ten tion de me vi si ter de main ma tin si le ciel est se rein.

LETTRES MUETTES OU NULLES :

L'ho mme, le Rhô ne, Es ther, Ju dith. *h* *h*

L'a bus, un gros tas, sur pris, re fus. *s* *s*

La croix, faux prix, heu reux, ja loux. *x* *x*

Un nid, grand fond, fé cond, le bord. *d* *d*

L'é tang, le sang, le poing, le seing. *g* *g*

Un loup, beaucoup, le drap, le champ. *p* *p*

Man chot, pe tit sot, l'es prit, le toit, *t* *t*

Ta ten dre mè re — vos ten dres mè res *s* *s*

Le grand rond — les grands ronds. *ds* *ds*

Leur long rang — leurs longs rangs. *gs* *gs*

Un drap fin — des draps fins. *ps* *ps*

Mon pe tit lit — nos pe tits lits. *ts* *ts*

SIGNES D'ORTHOGRAPHE, TRÉMA, H ASPIRÉ

Accents : *Aigu* ´ é té ; *grave* ` pè re ;
circonflexe ^, tê te, a pô tre.

Apostrophe.	L'é pi d'or,	qu'im por te ?	qu'as-tu ?			
h *muet.*	l'ha bit	l'her be	l'hor lo ge			
	l'a bri	l'e rreur	l'or meau			
h *aspiré.*	le ha mac	la her se	le ho y au			
	le ba bil	la per te	le jo y au			
Voy. cons.	Ai	ain	au	oi	ou	gue
Tréma.	A ï	a ïn	aü	o ï	o ü	gu ë
h *aspiré.*	A hi	a hin	a hu	o hi	o hu	
Voy. cons.	Air	Lu cain	Paul	noi se	cou	
Tréma.	Ha ïr	Ca ïn	Sa ül	Mo ï se		
h *aspiré.*	Tra hir	ca hin	ba hut	pro hi be		
Trait d'union.	Arc-en-ciel, coq-à-l'âne, sais-tu ?					

Les bons é co liers ha ï ssent le men son ge. É sa ü a i mi té la hai ne de Ca ïn. L'ar mé e tra hi e par son chef a mon tré un cou ra ge hé ro ï que. Vo tre a ï eul a su ppor té a vec cal me u ne dou leur ai gu ë et lon gue. La co hu e me pre ssait con tre la rou e. On fait la biè re a vec l'or ge et le hou blon. Le bû che ron a a ba ttu le hê tre a vec sa ha che. Qu' est de ve nu vo tre ca hier ? Que lles sou ffran ces ai gu ës ! O l'ai-ma ble na ï ve té !

IMPRIMERIE ET LIBRAIRIE CENTRALES DES CHEMINS DE FER. — IMP. CHAIX, RUE BERGÈRE, 20. — 17092-8-8.

IMPRIMERIE ET LIBRAIRIE CENTRALES DES CHEMINS DE FER. — IMPRIMERIE CHAIX, RUE BERGÈRE, 20, PARIS. — 20010-9-8.

www.ingramcontent.com/pod-product-compliance
Lightning Source LLC
LaVergne TN
LVHW012011160826
845678LV00002B/766

* 9 7 8 2 3 2 9 6 6 4 1 5 6 *